AF338031

JE DONNERAI MA VOIX.

Je donnerai ma voix à ceux des candidats qui, par leur position, leur caractère et surtout leurs antécédens, m'offriront le plus de garanties de leur attachement inébranlable à la forme républicaine, que la France est parvenue, une seconde fois, à donner à ses institutions.

Je donnerai ma voix à ceux qui s'engageront formellement à ne jamais solliciter ni accepter de fonctions salariées par la République, tant qu'ils seront membres de l'assemblée nationale.

Je donnerai ma voix à ceux qui me paraîtront le plus convaincus de la nécessité de réformer de fond en comble cette odieuse machine gouvernementale, à l'aide de laquelle l'ambition et la ruse savaient si bien écraser le pauvre peuple, et qui se rendront à l'assemblée nationale fermement résolus d'opérer ces réformes.

Assez, trop longtemps, nous avons gémi sous le joug des préjugés, du sophisme et du mensonge ; ma voix est à ceux qui peuvent et qui veulent, enfin, faire triompher la lumière, la raison et la vérité.

Et comme ce n'est pas seulement un droit, mais un devoir pour tout citoyen, de manifester ses pensées et ses désirs, aujourd'hui que la nation est appelée à se donner une nouvelle organisation, je quitte un moment la charrue pour la plume, et vais donner du corps à ce que je pense depuis trente ans, sur les choses gouvernementales.

Le ciel m'a confié dix enfans. Dire que ces chères créatures forment l'objet incessant de toute ma sollicitude ; que mes constans efforts tendent à leur faire sentir, aimer, imiter tout ce qui est grand, noble et généreux, c'est me placer au niveau de tout honnête homme.

Eh bien ! naguères, la vue de cette nombreuse famille m'attristait parfois. Des pensées impies venaient, malgré moi, m'assaillir. Au lieu de bénir la Providence de m'avoir entouré de tous ces enfans sains et vigoureux, je la blasphémais. Ma tendresse même pour eux me faisait regretter qu'ils fussent là. Pourquoi ? parce que je n'avais pas foi dans l'avenir ; parce que je mesurais, dans mon esprit, à chacun la carrière qu'il avait à parcourir : carrière de souffrances et de larmes, dont je gémissais, d'avance, pour mes pauvres enfans.

Vous avez, leur dis-je, la perspective, non seulement de toutes les misères inhérentes à la nature humaine, mais encore de toutes celles qu'engendre un mauvais, un méchant et perfide gouvernement.

Vous avez un roi rapace, une armée de princes, une armée de

hauts fonctionnaires. Tout cela nage dans l'abondance, quelque tems qu'il fasse, tandis que vous avez, à peine, le strict nécessaire ; et encore est-ce à vous à pourvoir à cette abondance, avant même que vous osiez songer à vous.

Il devient tous les jours moins probable que je puisse vous donner des remplaçans. Vous serez donc dans le cas de faire partie de l'armée. Il est doux de défendre la patrie. Il est doux de mourir pour elle ; et si la patrie était en danger, vous ne seriez pas les derniers à accourir sous les drapeaux. Mais vous verrez le gouvernement demander votre sang et votre argent pour vider quelque querelle de famille. La nation n'y sera pour rien. On trouvera bon de porter secours à tel gendre ou à telle brue, dont les affaires seront embarrassées ; et peut-être aurai-je la douleur de perdre l'un de vous ou de le voir mutilé, non pas pour la patrie, mais pour avoir dû servir les intérêts particuliers d'un roi, — d'un roi qui ne fut jamais le roi de mon choix. Ah ! pour le coup, je n'y survivrai pas. Et si j'ai la force d'y survivre, j'aurai celle de me venger. J'opposerai, avec persévérance, la ruse à la ruse, l'astuce à l'astuce, et ne mourrai satisfait qu'après avoir trempé mes mains dans le sang du meurtrier de mes fils.

Tels furent mes épanchemens, mes réflexions, sombres comme les frimas, tristes comme l'horizon politique, lorsque l'aurore boréale — le laboureur croit aux signes du ciel — nous annonça l'arrivée de quelque chose. Pour qui est dans la détresse, tout événement est de bon aloi ; mais celui de Paris a surpassé toutes nos espérances. Aussi, notre premier mouvement fut-il de nous prosterner pour remercier le Tout-Puissant d'avoir, enfin, couronné les efforts du peuple ; et depuis, pour en revenir à mes enfans, depuis, dis-je, mes regards s'arrêtent sur eux avec joie, avec bonheur, parce que leur avenir m'apparaît sous un jour plus pur, parce que la nouvelle ère politique a dissipé, chez moi, une foule d'inquiétudes, parce que j'ai la ferme conviction qu'avec le travail, l'ordre et l'économie, la génération qui surgit, coulera des jours plus heureux que ceux qui furent répartis à celle qui s'éteint. Mais, pour assurer ces jours meilleurs, il ne suffit pas d'avoir brisé un trône, foulé au pied une couronne. Ce n'était là que le commencement de la besogne. Tout le reste est à défaire et à refaire. La République est un champ qu'il s'agit de labourer à fond, si on veut en extirper toutes les mauvaises herbes ; et l'arbre de la liberté ne croîtra pas, ou croîtra mal, si l'on n'a soin de l'émonder, constamment, de toutes les plantes parasites qui s'y cramponneront.

Ma voix à ceux qui sont bien pénétrés de ces vérités et qui les prendront pour guides de leur conduite, à l'Assemblée nationale.

Et tout d'abord, j'agiterai la question de l'argent. Jusqu'ici, les gouvernans ont considéré la nation comme une vache à lait. Je me flatte que, désormais, cette vache ne se laissera plus traire, que tout juste, pour que ceux qui travailleront utilement pour elle, puissent vivre avec décence et honnêteté dans la grande famille des travailleurs.

Ma voix est à ceux qui insisteront sévèrement et obstinément sur cette question capitale. Autant je déplore de voir, depuis 3o ans, ceux-là même qui avaient mission de ménager nos écus, les jeter, à pleines mains, dans le gouffre gouvernemental, autant je féliciterai les représentans du peuple, qui, bien pénétrés du premier de leurs devoirs, ménageront, plus que la leur propre, la fortune des citoyens qui les auront délégués.

Passant en revue les divers ministères dont se compose le rouage gouvernemental, je donnerai ma voix à ceux qui insisteront sur les réformes et réédifications suivantes :

JUSTICE.

Révision et épuration successive de toutes les lois. Diminution de deux tiers sur les frais de justice. Abolition totale du timbre. Le timbre est le cachet de l'esclavage. Timbrez vos moutons, mais ne venez plus me timbrer le papier sur lequel je trace mes affaires. La justice, en France, ne se rendra plus au nom du peuple français seulement, mais au nom de tous les peuples de la terre. Il y a solidarité entre tous les peuples d'être justes envers leurs semblables. L'Assemblée nationale voudra le leur rappeler et le leur faire sentir. Elle décrétera que la justice des hommes se rendra au nom de celui qui, depuis 18 siècles, a fait le plus pour le peuple; de celui qui tendit une main à ce peuple faible et malheureux et l'autre vers le ciel ; de celui que nous aimons à reconnaître comme le plus juste et le plus clément. L'assemblée nationale décrétera que la justice se rend au nom de Jésus-Christ. La justice, en France, sera d'autant plus vénérée de tous les peuples, qu'ils sauront que le peuple français ne veut rien autre que poursuivre l'œuvre de ce divin maître.

Les gouvernemens corrompus, affamés des épargnes, de la sueur et du sang du peuple, font naître la misère. La misère engendre le crime. Je me flatte que, sous la République, les crimes deviendront moins fréquens, au fur et à mesure que la misère disparaîtra ; mais je crains fort que jamais tous les hommes renoncent à toutes les mauvaises passions. Le vice a été créé, sans doute, pour rehausser l'éclat de la vertu, et la nation aura toujours à sévir contre des hommes vicieux; mais que ce soit avec douceur, plutôt pour corriger l'homme que pour punir le crime qu'il a consommé. Je conteste, en outre, à la nation le droit de faire ôter froidement la vie à une créature humaine, quel que soit son crime.

Le tems me manque pour appuyer mon opinion, mais je donnerai toujours ma voix à ceux qui voteront l'abolition absolue de la peine de mort.

J'ajouterai, en passant, que tous les jours il passe devant ma ferme des gendarmes transférant des prisonniers, d'une manière dégradante pour l'espèce humaine. Ces gendarmes fixent l'extrémité d'une chaîne au col du délinquant et tiennent l'autre à la main. C'est ainsi que l'homme courageux conduirait une bête féroce. Ce spectacle affligeant et hideux nous effraie: mes enfans se sauvent ; je rougis. Mais s'il existe des hommes qu'il faut traiter comme des bêtes féroces, d'où vient-il que, pour tout l'argent qui, depuis 3o ans, a été absorbé à la justice et à la police, on n'ait pas trouvé un moyen plus humain, plus décent pour transférer les prisonniers?

Ma voix à ceux qui saperont dans leurs bases l'organisation actuelle de la justice et de la police.

INSTRUCTION PUBLIQUE ET CULTES.

Je désire que l'instruction primaire soit gratuite. Que tous les enfans de la République soient forcés d'acquérir l'instruction primaire; que l'instruction supérieure soit moins chère, si ce n'est gratuite aussi, et par conséquent accessible à tous. Je désire que les professeurs et instituteurs soient mieux rétribués. Ce seront les fonctionnaires les plus utiles de la République. Il en est de même des prêtres et des ministres du St.-Évangile. On ne saurait trop encourager ceux qui ont mission de prêcher l'amour de Dieu, de la liberté et des hommes. En leur accordant des appointemens élevés, on sait d'ailleurs que, chez la plupart, le superflu passe au soulagement de l'infortune.

Les évêques catholiques sont trop rétribués, comme serviteurs d'un état républicain. L'on sait que ces vénérables prélats furent, jusqu'ici, la providence de tous ceux qui souffrent, la consolation de tous les pauvres honteux; mais, dorénavant, rien ne serait donc acquis, si le nombre des uns et des autres n'allait décroissant.

Je désire, en outre, que le secrétaire général à l'instruction publique et aux cultes s'adjoigne, à titre de conseillers, quelques évêques et quelques pasteurs réformés. Nous voulons des marins à la marine, des soldats à la guerre, des agronomes, des négocians, des industriels, au commerce, à l'industrie et à l'agriculture ; et nous exclurions les ecclésiastiques du culte et de l'instruction ! Sot préjugé !

Je donnerai ma voix à ceux qui aideront à décréter une instruction politique, religieuse et scientifique, digne d'un grand peuple, d'un peuple libre, d'un peuple que la Providence s'est plu de privilégier, dans ce période de tourmente de toutes les nations de l'univers.

INTÉRIEUR.

Il ne s'agit plus de s'adresser aux communes, uniquement pour leur demander de l'argent et des soldats ; il s'agit de s'occuper du bien-être, de l'aisance, du repos et du bonheur des quarante mille communes de la République.

Je donnerai ma voix à ceux qui détermineront l'Assemblée nationale à décréter que la mendicité soit efficacement supprimée sur tout le territoire de la République ; que chaque commune soit mise à même de fonder un asile pour les vieillards pauvres et invalides, et pour les orphelins sans fortune. Tendre la main aux passans, cela ne sied plus qu'aux sujets des rois ; sous une République grande et forte, la commune seule doit connaître de l'infortune des citoyens et y pouvoir remédier.

Je désire, en outre, que dans cette partie de l'administration républicaine, il se publie un journal contenant :

1º Les lois et actes de la République.

2º Les délibérations de l'Assemblée nationale.

3º Les faits divers de la France et de l'étranger.

4º Des articles destinés à éclairer les masses sur leurs droits, sur leurs devoirs, sur leurs intérêts.

5º Des articles populaires, traitant des arts et métiers, de l'agriculture et du commerce, de l'astronomie, de la géographie et des sciences naturelles.

6º Des articles d'histoire et de morale tendant à faire aimer au peuple, le travail, l'économie, l'ordre, la propreté et toutes les qualités qui distinguent l'homme de bien, à lui faire abhorrer tous les vices qui signalent l'homme méchant.

Les tyrans redoutent d'éclairer le peuple ; la République, c'est son premier, son plus sacré devoir, de coopérer de tous ses moyens et par tous les moyens à la diffusion de toutes les lumières ; car la lumière fait sa force.

Sous le tout dernier ancien régime le gouvernement publiait un *Moniteur.* Ce journal était, je crois, envoyé gratis, au roi, aux princes, aux ministres, aux pairs, aux députés, bref à tous hormis à nous, qui payions les frais de papier, d'impression et de rédaction. Ne pourrait-on pas utiliser ces presses en faveur du peuple ?

Je donnerai ma voix à ceux qui feront décréter qu'un journal général de la République, redigé au bureau central de l'intérieur, soit adressé, tous les jours, à toutes les communes, et en tel nombre qu'il y ait, au moins, un exemplaire sur dix citoyens. Les communes paieront les frais d'abonnement qui ne pourront, en aucun cas, excéder le prix de revient du journal.

AGRICULTURE, COMMERCE ET INDUSTRIE.

Ces trois sources vitales d'un peuple laborieux, vont, indubitablement, devenir plus fécondes, sous le règne sincère de la nation par la nation.

Nous allons en Algérie, nous allons dans des mers lointaines sacrifier nos enfans et notre argent pour conquérir quelques parcelles de terrain, et nous laissons en friche le quart de notre propre territoire ! Que de millions d'hectares de landes inutiles, de marais insalubres, une organisation agricole éclairée et rationnelle pourrait rendre à la production ! Que de millions de travailleurs, le sol de la France pourrait encore occuper honorablement, nourrir généreusement !

Je donnerai ma voix à ceux qui feront décréter la création immédiate d'une commission permanente pour l'amélioration du sol de la République ; à ceux qui crieront bien haut que le règne des places est déchu ; que la République entend que tous ses enfans vivent, mais par le travail, par un travail utile. Je donnerai ma voix à ceux qui faciliteront ce travail, à ceux qui diront aux riches : « Fiez, confiez votre argent au sein de la terre. Vous ne courez aucun risque et vous ferez des heureux » ; à ceux qui diront aux fainéans, à cette foule d'hommes malheureusement habitués, jusqu'ici, à vivre de la chose publique : « Remuez, labourez le sol ; travaillez la terre : elle n'est pas ingrate. Elle remunère quiconque se voue à elle. C'est le maître le plus généreux que vous puissiez servir, et en servant celui-là, vous demeurerez libres, indépendans et dignes de la République. »

La soif des richesses, une des mauvaises passions de l'homme, est peut-être cause que, dans ce siècle, l'industrie manufacturière attire à elle beaucoup plus d'intelligences et de capitaux que l'agriculture. C'est un malheur pour la République. L'une, modeste, humble, assure la vie, la force du corps et la santé ; mais ne promet point de richesses. L'autre, plus brillante, plus périlleuse, offre à tous l'appât d'une fortune rapide. De là cette funeste production démesurée. Vous ne ferez jamais trop produire à la terre ; mais vous ferez trop produire à vos machines ; et là où plusieurs chercheront la fortune, ils ne trouveront que le désespoir et la ruine. Tel homme aisé, qui pourrait vivre heureux, à l'abri de tout souci, se fera l'esclave de ses machines et mettra en jeu son repos et l'avenir de ses enfans.

Tel autre, moins doté, mais non entièrement deshérité, qui pourrait cultiver son jardin, améliorer ses champs, nourrir quelques pièces de bétail, laissera tout à l'abandon et prêtera ses bras à la manufacture. Pour gagner quelques sous de plus, il échangera l'air pur et libre des champs contre l'air infect de la fabrique.

Je voterai pour ceux qui feront décréter par l'Assemblée nationale, que la nation met l'agriculture au premier rang de toutes les industries ; qu'aucun sacrifice ne lui coûtera pour la protéger, pour éclairer, favoriser, encourager et soutenir ceux qui s'y livreront.

Mais cette sollicitude que je réclame pour l'agriculture, comme l'élément le plus sûr et le plus durable de la prospérité de la République, je la réclamerai aussi en faveur de l'industrie et du commerce.

Affranchissement complet de tout ce qui entrave le libre essor des travailleurs de toutes les classes de la société. Abolition totale de tous les droits d'entrée dont la tyrannie était parvenue successivement à frapper les matières brutes. Réforme radicale du système douanier.

Sans doute, il viendra un jour, et, au train dont les choses marchent, ce jour n'est peut-être pas éloigné ; il viendra un jour, dis-je, où tous les peuples s'embrasseront comme frères ; où tous se considéreront comme membres d'une seule et même famille, de la grande famille humaine. Plus de jalousie, plus de guerre, plus de rivalité de nation à nation. L'accord des peuples prouvera qu'ils peuvent se passer de rois. Et bien mesquine, bien indigne des peuples serait alors la pensée de barrer le passage réciproque à leurs produits.

Je veux que le citoyen français puisse jouir, à sa guise, des produits de Londres, de Vienne, de Munich et de Berlin, sans avoir à payer, à qui que ce soit, autre chose que la valeur et le prix de transport des objets dont il lui plaira de s'entourer.

Je veux, qu'aux mêmes conditions, nos frères de Londres puissent fouler aux pieds le tapis des Gobelins et mettre sur leur table la porcelaine de Sèvres, le vin de Bordeaux et les dragées de Verdun ; et que leurs femmes puissent se parer, à leur choix, des bijoux de Paris ou de Venise, des tissus de l'Inde, des tissus de Lyon, de Rouen, de Mulhouse, aussi bien que de ceux de Leeds et de Manchester.

Je veux que nos frères de Vienne puissent fumer dans des pipes de Munich, le tabac de Hongrie ; tirer d'où ils veulent, livres et journaux ; et leurs femmes, porter la fourrure de Pologne et la dentelle de Bruxelles. Je veux, enfin, que tous les peuples s'affranchissent hardiment, résolument, des entraves qui gênent le développement et les progrès du commerce et de l'industrie, et par là limitent leurs jouissances. L'équilibre, l'harmonie s'établiront d'eux-mêmes. Pas besoin de grands administrateurs !!

Malheureusement, et pour le moment encore, nous ne pouvons ouvrir nos portes à l'industrie étrangère.

Nous sommes épuisés par tous les gouvernemens voraces qui, depuis des siècles, ont pesé sur nous. Ce qui nous restait de bien, d'épargnes, vient d'être absorbé par le prix exorbitant des subsistances. Nous ne pouvons nous remettre un peu, qu'en travaillant. Des millions de nos frères demandent du travail. On serait si heureux de pouvoir leur en donner. Quel spectacle douloureux pour l'homme sensible, de voir son prochain souffrir, parce qu'il est sans ouvrage. Je vois des pères de famille honnêtes, avides de travail, forcés, les larmes aux yeux, d'avouer aux enfans qui demandent du pain, qu'il n'y a pas moyen d'en acheter. Que dis-je, un ancien militaire, chargé d'une nombreuse famille, est resté deux jours sans manger, et son amour-propre l'eût probablement conduit à se laisser mourir de faim, si on ne fût parvenu à le secourir d'une manière délicate. Or, comment occuper les bras, quand la production reste amoncelée dans les magasins? Maîtres et ouvriers vont être forcés de prendre la clef des champs.

Je donnerai ma voix à ceux qui feront décréter que, provisoirement, et attendu que la République est tenue, avant tout, d'assurer du travail à ses propres enfans, *l'introduction de toute matière ouvrée*, de quelque nature qu'elle soit, est interdite.

TRAVAUX PUBLICS.

Bienheureuse serait aujourd'hui la nation, si elle pouvait répandre sur ses pauvres travailleurs, mourant de misère et de faim, les millions que, depuis 30 ans, les gouvernans lui ont extorqués à l'encontre des travaux publics.

Je ne doute pas que, désormais, ceux qui seront à la tête de cette partie importante des intérêts de la République, ne ménagent ces intérêts en bons pères de famille.

La nation veut des travaux, des travaux bien faits. Elle veut que ceux qui les entreprennent puissent vivre honorablement; mais elle ne voudra jamais qu'on pût s'enrichir à ses dépens.

Et maintenant que, plus que jamais, tout le monde a besoin de travailler, qui nous empêche d'exécuter toutes les voies ferrées qui doivent sillonner la France? Sont-ce les bras qui manquent? Non. Est-ce le fer? non. Est-ce l'argent? nullement. Que la République fasse exécuter les chemins de fer d'une utilité générale, et qu'elle assure un intérêt de 5 p. o/o à ceux qui avanceront des fonds hypothéqués sur ces chemins-mêmes, l'argent affluera de toutes parts. S'il n'en arrive pas assez, par suite de pensées perfides de certains citoyens, peu propices à la régénération politique de la France, créez du papier-monnaie.

Qu'avons-nous en fait de chemins de fer? Nous sommes au-dessous du grand-duché de Baden, au-dessous de la Prusse; nous sommes même au-dessous de l'Autriche. Et, que Dieu nous pardonne! si nous restons, les bras croisés, nous allons être devancés par la Russie. Quant à la Belgique et à l'Angleterre, il n'y a pas de point de comparaison avec nous. Tout cœur français saigne, en voyant le mouvement, l'abondance et la vie que les voies ferrées répandent sur ces peuples actifs.

Cependant, nos grands gouvernans ont assez discuté, fait, défait et refait toutes les questions de chemins de fer. Qu'en est-il résulté? Rien, si ce n'est que nous avons quelques lignes, sur lesquelles lignes les citoyens sont ranconnés; comme si ce n'était pas assez d'avoir été déjà si cruellement rançonné par la machine gouvernementale sous prétexte de chemins de fer. Qu'en est-il résulté, en outre? C'est que, pour quelques vautours qui, dans ces ignobles tripotages, ont gagné, encaissé l'argent par millions, une foule de gens faibles ou inexpérimentés ont perdu le quart, le tiers, la totalité de leur fortune.

Pourquoi d'aussi minces, d'aussi tristes résultats, pour tant de bruit? C'est que la bonne foi n'a jamais régné dans ces affaires de chemins de fer. C'est que, sous un gouvernement lépreux, gangrené, dans toutes les affaires il y a toujours un gâteau. auquel tous les gens du métier, depuis le trône jusqu'au suisse, veulent prendre part. C'est que les affaires de chemins de fer n'auraient jamais dû devenir affaires de jeu ou de bourse. Sous un gouvernement sage et paternel, de telles turpitudes seront rendues impossibles, à plus forte raison sous l'égide de la République.

Bien que laboureur, je suis un de ceux qui considèrent les chemins de fer comme un veritable progrès; un de ceux qui pensent que les chemins de fer rapporteront d'autant plus que le nombre en sera plus grand, et qu'ils transporteront à meilleur marché, hommes, denrées et marchandises.

Je voudrais que, sur toute la surface du globe, les chemins de fer fussent établis; qu'il correspondissent et se reliassent entre eux de telle sorte, que les lignes ne fussent interceptées que par les mers et l'Océan. Je considère, enfin, cette admirable conception humaine comme un nouveau gage du lien futur entre tous les peuples et comme une des sources les plus fécondes de leurs libertés et de leurs richesses.

Je donnerai ma voix à ceux qui feront décréter que, vu l'urgence de créer des voies de fer, vu le chômage dans lequel les travailleurs français se trouvent plongés par suite des commotions politiques, la nation ordonne que l'on procède immédiatement, sur tout le territoire de la République, à la construction des chemins de fer reconnus utiles.

Elle ordonne, en outre, qu'une commission soit instituée, ayant pour objet de proposer à l'Assemblée les voies et moyens pour mener à bonne fin, le plus promptement possible et dans l'intérêt de tous, cette œuvre nationale.

AFFAIRES ÉTRANGÈRES.

Nous ne voulons avec l'étranger que des relations de bonne amitié. Nous désirons qu'on respecte au dehors le citoyen français, autant que nous respectons, chez nous, l'étranger. Nous ne voulons troubler la paix chez personne. Nous formons des vœux pour le bonheur de toutes les nations et ne doutons, ni de leur réciprocité, ni de leurs sympathies.

A ces paroles, réservées comme doit l'être la politique, j'ajouterai, qu'un ministère des affaires étrangères, organisé, ainsi qu'il le fut jusqu'ici, m'a paru, de tous tems, une institution trop coûteuse, pour le peuple payant, comparée aux bienfaits que ce peuple en retirait.

Je donnerai ma voix à ceux qui saperont dans leurs bases les coutumes vermoulues de l'ancienne diplomatie.

La nation n'a nul besoin d'étaler, au dehors, le faste, pour se faire respecter. Elle se fera respecter, d'abord par ses principes, puis par sa générosité envers les étrangers qui viendront chez elle et à elle. Elle n'enverra plus, nulle part, des ambassadeurs ordinaires ou extraordinaires, des envoyés, des ministres plénipotentiaires, des chargés d'affaires.

Le bien-être du peuple formait, chez la plupart de ces gens-là, la moindre de leurs pensées. Dévorer notre argent dans la mollesse, l'oisiveté et le vice ; accueillir avec dedain, avec hauteur, le pauvre français qui, à l'étranger, avait, par hasard, besoin de leur ministère ; se concerter, comploter, conspirer avec les potentats chez lesquels ils étaient accrédités, des meilleurs moyens, des plus fins expédiens pour opprimer les nations ou pour détruire ceux qui élevaient la voix en leur faveur ; tripoter des mariages pour le compte de leurs maîtres : telle fut, jusqu'ici, la besogne de tous ces valets chamarrés d'or et de titres ; mais les nations savent que cette brillante représentation n'est bonne qu'à jeter de la poudre aux yeux des niais.

Désormais, la France accréditera au dehors des représentans, qu'elle revêtira du titre, bien autrement glorieux et imposant — de représentant de la République française près.... Elle choisira pour ces hautes fonctions des hommes intègres et courageux, qui joindront à l'éclat de leur titre celui d'une instruction solide, d'une connaissance profonde des hommes et des choses, et qui, par cela même, seront bien faits pour plaider devant les nations ou les princes, où ils auront à parler en notre nom, la cause, non seulement du peuple français, mais celle de l'humanité entière.

Je voterai pour ceux qui présenteront et soutiendront de toute la force de leur âme et de leur conscience la déclaration suivante des principes de la nation vis-à-vis de l'étranger :

LA RÉPUBLIQUE FRANÇAISE proclame, qu'elle considère et

considérera toujours la paix comme le bien le plus précieux des peuples, comme le moyen le plus efficace d'assurer leur liberté et leur bonheur ; la guerre, comme le plus grand fléau qui puisse affliger l'humanité et la cause la plus féconde de l'asservissement des peuples.

Elle proclame, en outre, qu'elle considère tous les peuples comme frères ; que la devise de fraternité, qu'elle a inscrite sur ses drapeaux, ne sera jamais un vain mot ; que ce sera toujours avec joie et émotion qu'elle verra s'agrandir la famille des peuples libres, diminuer celle des peuples esclaves et malheureux

La République française proclame, et elle le proclame bien haut, qu'elle est l'amie de l'homme, et que si, en quelque lieu que ce soit, il se commet ou il se commettait des attentats contre les droits imprescriptibles de l'humanité, elle regarderait comme son devoir, comme son droit, d'user de son influence pour faire redresser les griefs, bien fondés, de l'opprimé. Elle sera même prête à appuyer ses remontrances de son bras puissant.

Et vous, tyran du Nord, qui dans votre orgueilleux et cruel dédain des hommes, osez parler de Dieu ; qui dans votre stupide aveuglement, osez blasphémer la sainte régénération humaine qui s'opère, et que vous appelez torrent dévastateur ; vous croyez que, parce que vous êtes bon père de famille — de votre famille à vous, — parce que vous êtes beau et vaillant cavalier, parce que vous comptez vos esclaves par millions, parce que la nature — par erreur sans doute — fait affluer vers vos mines de riches filons d'or, d'argent et de platine, vous croyez pouvoir vous opposer au mouvement généreux des esprits ?

Détrompez-vous ; taisez-vous ; vous êtes mort. Et vous l'êtes, parce qu'au lieu d'être grand et juste, comme vous devriez, comme vous pourriez si facilement l'être, si vous suiviez les préceptes de ce Dieu que vous invoquez, vous êtes vil et inique. Vous pourriez être le père de la famille — sans doute encore un peu sauvage — qui vous est confiée ; vous en êtes le bourreau. Vous ne tuez pas les hommes d'un seul coup, ainsi que le ferait un bourreau magnanime ; mais vous les faites mourir à petit feu. Vous êtes plus cruel, plus barbare envers les hommes, que ne l'est le plus grossier paysan envers ses animaux.

Vous battez les hommes ; vous les faites souffrir ; vous les torturez.

Naguère, à Moscou, vous avez fait battre un brave homme, jusqu'à ce que mort s'en suive, un brave et loyal soldat, un des plus anciens serviteurs de votre empire, parce que votre police, digne de vous, a cru reconnaître en lui l'auteur d'un incendie. Le patient protestait de son innocence ; et elle était probable — les gens de bien y croyaient. — Mais, sans pitié, sans miséricorde, sans entrailles, pour ses cris déchirans : « Est-ce là ma récompense pour avoir servi mon empereur depuis cinquante ans ! Est-ce là le traitement que l'on inflige à un homme qui n'a rien à se reprocher ! »

— Vous l'avez fait battre, vous l'avez battu à l'aide de votre knout, jusqu'à ce que la malheureuse créature du même Dieu que le vôtre , la chair en lambeaux, le sang ruisselant de tous ses membres, rendît son âme à son créateur, dans un supplice atroce, indicible.

A ces actes de brutale barbarie, vous joignez la cruauté raffinée. C'est là le seul progrès auquel vous vous appliquiez. Ah Monsieur ! l'ombre de Pierre, l'ombre de Catherine, celle d'Alexandre vous désavouent, j'en suis sûr.

Vous privez de leur liberté des pères de famille, parce qu'ils ont d'autres pensées que vous ; parce qu'ils ont des pensées chrétiennes, tandis que les vôtres sont payennes. Vous les séparez, sans pitié, de leurs femmes et de leurs enfans. Vous les condamnez à mort ; puis, vous les envoyez en Sibérie. Cette mort serait pour eux un bienfait : ce bienfait vous ne le leur accordez pas ; vous prenez même toutes les précautions pour que le désespoir ne puisse mettre fin à une existence insupportable ; et si vous pouviez faire revivre le cadavre de celui que votre bras criminel a frappé de mort, vous recommenceriez à lui faire subir sa longue agonie.

Qu'avez-vous fait de ce malheureux et honnête français auquel un moment d'égarement, auquel un moment d'oubli du terrain sur lequel il marchait, fit prononcer quelques paroles peu courtoises à votre sujet ?

Vous l'avez arraché nuitamment, sans bruit, des bras de sa femme, des bras de ses enfans éplorés. Vous l'avez chargé de chaînes. Vous l'avez traîné dans votre Sibérie — dans votre enfer glacial , dont vous êtes le Dieu — que dis-je, le démon, le geolier. Vous n'avez pas fait de mal directement à sa femme ni à ses enfans. Votre audace n'allait pas jusque là ; mais vous leur avez dressé un acte authentique du décès de votre victime.

Sans consolation, sans époux, sans père, l'infortunée famille a quitté cette terre de deuil pour aller pleurer ailleurs le trépas de son ami, de son soutien. Elle était dans l'erreur. Vous aviez menti. Votre victime n'était pas morte. Et peut-être respire-t-elle encore aujourd'hui, dans la douleur et les larmes, l'air froid, insalubre et infernal de vos cavernes de Sibérie.

Qu'avez-vous fait, que faites-vous de tous ces nobles Polonais, élévés dans l'aisance, dans la culture des arts et des lettres ? Vous les couvrez de chaînes plus lourdes que leurs mains délicates ne peuvent supporter. Vous les numérotez. Vous les faites travailler comme des bêtes de somme.

Et couvert ainsi de la haine, du mépris, de la malédiction de tous les hommes de bien de tous les pays, vous osez menacer ! provoquer ! Vous osez parler de Dieu !

Arrivez donc ! Mettez en branle vos colonnes d'esclaves, vos hordes sauvages. Passez la Bérésina. Passez le Dnieper. L'Occident vous attend. Il sait que c'est le moment suprême d'en finir une fois pour toutes, avec les ennemis de l'espèce humaine et surtout avec le plus acharné.

Si les peuples s'entendent ; s'ils se lient ; s'ils s'allient, ils sont forts, ils peuvent tout ce qu'ils veulent ; et si le précepte de Machiavel, que la fin justifie les moyens, a été si souvent appliqué par les rois contre les peuples, qu'il soit permis une fois aux peuples d'y recourir contre les rois, contre les mauvais rois. Voyez-vous comme les rois, les princes grands et petits se sauvent, s'excusent, se courbent depuis que les peuples s'entendent. Continuez, frères ; soyez rusés à votre tour.

Faites un pacte secret, sacré, indissoluble ; et pour mieux réussir, feignez la mésintelligence. Donnez des signes patens de votre prétendu désaccord. Battez-vous. Sacrifiez même quelques vies humaines : ce seront de nouveaux martyrs de la liberté à ajouter à ceux dont elle se glorifie déjà. Prenez vos mesures telles, que le Czar soit alléché ; qu'il fasse mouvoir ses hordes par la Prusse, par la Pologne, par la Baltique, par le Holstein. Facilitez-lui les moyens de pénétrer toujours plus en avant ; faites-lui entrevoir la certitude du succès, afin que lui-même arrive avec ses gardes, avec ses cosaques de l'Oural, du Don, de la Néva. Avancez, despote superbe, n'ayez nul souci. Tout l'univers est à vos pieds. Jouez. Vous êtes sûr du gain.

Et quand les têtes de ses colonnes seront à Cologne, à Coblence, à Mayence, à Metz, à Nancy, à Strasbourg, à Huningue, et les queues à Koenigsberg, à Dantzig, à Strahlsund, à Wilna ; alors, hâtez-vous de fermer, pour un moment, les barrières. N'épargnez rien pour réussir dans ce stratagème. Mitraillez, brûlez, détruisez tout ce qui s'y oppose. Vous avez tout laissé sortir ; mais vous ne laisserez plus rien rentrer. Levez l'étendard de l'humanité, vous tous, frères de Pologne, de Courlande, de Suède, de Prusse, de Holstein, des villes anséatiques, de Saxe, de Bavière, du Wurtemberg, de Hesse, de Nassau, de Bade. Levez votre terrible massue. C'est vous toujours qui décidâtes des affaires du monde ; car vous êtes au centre ; vous êtes éclairés et instruits. Appelez même à votre secours nos frères d'Autriche, de Bohême et de Hongrie. Tous, depuis longtemps, méritent la liberté ; tous méritent d'aider, sabre en mains, à la grande régénération des peuples. Soyez sûrs des Suisses et comptez sur vos frères de France. Qu'en un jour donné, tout soit massacré, anéanti. Epargnons le sang du peuple ; mais n'épargnons pas le sang de ses ennemis.

Ce sera peu pour le peuple de France qu'un tel coup de main. L'armée républicaine de l'Est en fera son affaire. Elle tâchera même de laisser courir les plus pressés jusque vers Paris, afin que nos frères de la métropole puissent, au moins, en mettre quelques-uns sous la dent.

Que nos autres armées de la République ne s'émeuvent pas pour cela. Que nos frères du nord, du midi, de l'ouest, du centre, ne se dérangent pas même de leurs travaux. Qu'ils aient leurs armes prêtes, qu'ils prient pour leurs frères combattans ; mais qu'ils restent tranquilles. Il ne faut plus que, pour une bataille à livrer sur un point, toute la France soit mise en émoi, troublée, et tous les citoyens mis en chômage. Chaque armée aura peut-être son tour.

ARMÉE ET BATAILLES.

Soyons tous en armes; mais n'ayons plus d'armée, sauf un petit corps actif composé particulièrement et principalement d'armes spéciales, telles qu'artillerie, génie, pontonniers, cavalerie, train, états-majors, ceux-ci avec section d'ingénieurs spécialement chargés de la construction et du service des télégraphes électriques, afin que les armées puissent communiquer entre elles, et toutes communiquer avec la métropole ; avec section d'ingénieurs s'occupant particulièrement de la construction des aérostats et de l'aérostation. Ces aéronautes militaires seront d'autant plus utiles que le danger de la patrie sera plus imminent et que l'ennemi sera déjà parvenu, sur quelques points, à détruire les lignes télégraphiques ordinaires et les lignes électriques. Il faut que la République puisse dompter tous les élémens pour défendre sa liberté ; et toute autre voie anéantie, il nous restera, au moins, celle des cieux pour communiquer librement avec nos frères de la métropole et ceux des autres armées.

Je donnerai ma voix à ceux qui feront remanier successivement, mais totalement, le système militaire actuel.

En toutes choses il faut être conséquent. Sied il à un peuple libre de maintenir cnnstamment la moitié de ses enfans sous les drapeaux ? Combien autrement utile à la patrie serait cette jeunesse honnête et vigoureuse, si, au lieu de lui faire manier les armes beaucoup plus longtems qu'il ne faut pour savoir défendre la République, on lui laissait suivre l'élan de son amour pour les travaux utiles !

Loin de moi la pensée de troubler l'existence de tous ces valeureux soldats, existence que plusieurs d'entre eux ont acquise au prix de leur sang. Si, aujourd'hui, il existe quelques lois à laisser intactes, ce sont, sans doute, celles qui ont été promulguées en faveur des hommes qui ont mis leur vie au service de la patrie. Gloire à eux ! Le trésor de la République ne leur sera jamais fermé. Mais, hors cela, que d'économies à introduire à l'endroit de la chose militaire. Il est tems d'alléger le fardeau du peuple.

Je donnerai ma voix à ceux qui s'engageront à faire tous leurs efforts pour que l'Assemblée nationale décrète l'abolition de la conscription.

Nous voulons tous être soldats. Nous voulons tous savoir manier les armes, former nos bataillons. Nous voulons tous être organisés, exercés, de manière à ce qu'au moindre cri de la République, des millions d'hommes, forts de leurs droits, puissent, à l'instant même, se lever et prouver aux ennemis du dedans, comme à ceux du dehors, qu'on ne blesse pas impunément son repos; mais nous voulons aussi démolir un édifice qui n'a été élevé qu'en faveur des rois.

Il y a en France une foule de jeunes gens qui embrasseront la carrière militaire par goût, qui voudront s'en faire un état; qu'on les organise en bataillons d'armes spéciales, sous le nom d'armée active, qu'on les solde largement. Ils formeront notre avant-garde, en cas de bataille, et veilleront à la sûrete de la République, en tems de paix.

Dans un état où tout se fait par la volonté du peuple, il faut modifier toutes les idées reçues, sur le mécanisme de la chose publique. Sous l'ancien régime, j'eusse été blessé d'avoir à recevoir des ordres d'un ministre de la guerre. Je ne reconnaissais à personne le droit de me parler gouvernementalement, qu'à mon préfet. Aujourd'hui, que j'aurai coopéré directement ou indirectement à l'élection de tous les fonctionnaires, je recevrai, comme soldat, ses ordres, avec toute la déférence d'un soldat.

Nous ne voulons plus de régimens. Le peuple ne se laissera plus enrégimenter. Nous voulons des bataillons; et notre titre indiquera au monde que nous sommes toujours préparés, disposés, résolus de batailler pour nos droits, pour notre liberté et pour celle de tous les peuples; mais il ne faut pas que, pour le travailleur, cette organisation militaire devienne une charge, surtout une charge onéreuse.

Je désire que, le calme rétabli, l'organisation de la garde nationale soit rendue conforme à l'esprit et aux intérêts de la République.

Appeler, à tous propos, sous les armes, des citoyens dont les heures sont comptées pour le travail, et qui ont besoin de ce travail pour vivre, c'est abuser de leur bonne volonté. Les forcer de s'habiller de telle ou telle façon, c'est leur imposer des sacrifices dont souffrent souvent leurs femmes et leurs enfans. Voir une cohorte où les uns affichent leur aisance, où les autres sont forcés d'étaler leur gêne, c'est plus cruel encore. Si vous avez des coffres régorgeant d'or; si vous habitez des palais somptueux, j'en suis content pour vous. Je voudrais que chacun regorgeât des biens de la terre : la liberté n'en souffrirait pas; mais qu'au moins là où tous les citoyens se rangent sous le même drapeau, où tous doivent être animés des mêmes désirs, des mêmes sentimens, qu'au moins

là tout signe d'inégalité de condition disparaisse ; qu'au moins
là, nos saintes maximes d'égalité et de fraternité reçoivent leur
véritable application !

Je donnerai ma voix à ceux qui feront décréter par l'Assemblée
nationale, que, désormais, l'uniforme de tous les gardes nationaux
de la République, à quelqu'arme qu'ils appartiennent, consiste :

Dans la blouse de toile de fil ou de coton, ou dans la tunique
en drap, l'une et l'autre, de même que la couleur, au choix des
bataillons.

Pantalons en drap, pour l'hiver, d'une couleur uniforme, éga-
lement au choix des bataillons ; pantalon blanc pour l'été.

Coiffure, au choix des bataillons.

Plus de croix de St.-André. Ceinturon.

Echarpe tricolore au bras, en laine et soie pour les gardes nationaux ; laine, soie et argent pour leurs officiers ; laine, soie, argent et or pour leurs généraux. Tout autre signe de distinction est
interdit. Les gardes nationaux se procureront de leurs deniers, la
coiffure, la blouse et les pantalons. Les autres objets de l'uniforme,
de même que les armes, leur seront fournis par la République.

En ce qui touche l'organisation, l'instruction militaire et le service de la garde nationale, je donnerai ma voix à ceux qui présenteront et soutiendront les principes suivans d'une loi organique
de l'armée républicaine :

Art. 1er. Tout citoyen français de 20 à 60 ans inclusivement fait
partie de l'armée. Il s'engage, sur son honneur, à tenir en bon état
les armes que la République lui confiera, de telle sorte qu'au moindre signal il soit prêt à s'en servir.

L'armée est divisée pour l'infanterie et pour la cavalerie, en bataillons, chacun composé de dix compagnies de 100 hommes. Un
sous-lieutenant, un lieutenant et un capitaine par compagnie. Un
chef par bataillon. L'artillerie en bataillons de 160 hommes, ayant
à servir dix bouches à feu.

Art. 2. Les divers bataillons d'un même département formeront
une brigade qui portera le nom de son département, de même que
les bataillons porteront celui de la principale commune où les citoyens sont domiciliés. Si, eu égard à la population, la commune
fournit plusieurs bataillons, ils ajouteront, pour signe distinctif, au
nom de leur commune, celui d'un nom cher à la patrie. Il y aura
un général par brigade. Il sera élu par les bataillons du département
et y résidera.

Art. 3. Quatre brigades formeront une division. Chaque division
aura pour chef un général qui sera élu par l'Assemblée nationale.
Il résidera au chef-lieu de division.

Art. 4. Quatre divisions formeront une armée, qui prendra le
titre de sa position géographique. L'armée n'aura jamais de général en chef.

Si, ce qu'à Dieu ne plaise, il arrivait que l'assemblée nationale se vît forcée de décréter que l'une ou l'autre des armées de la République levât son étendard et agît par les armes, elle déléguera vers cette armée dix ou un plus grand nombre de ses membres, qui serviront d'intermédiaire entre l'Assemblée souveraine et l'armée. Ils formeront immédiatement un conseil de bataille, dont feront partie les délégués, autant que possible, les généraux de division, les généraux de brigade, 3 chefs de bataillon, 3 capitaines, 3 lieutenans, 3 sous-lieutenans, tous élus par l'armée, et dix des gardes nationaux les plus âgés de l'armée. Ce conseil élira pour président un de ses membres, et délibérera et décidera, à la majorité, des moyens les plus prompts et les plus sûrs de livrer bataille en faveur de nos armes. Si c'est sur le territoire de la République que le carnage doit avoir lieu, la République s'attendra à ce que tous ses enfans secondent l'armée pour exterminer l'ennemi ; à ce que vieillards, jeunes gens, femmes et filles recourent au fer, au feu, au poison, à tous les engins qu'inspirent la rage et le désespoir, à la vue d'une agression injuste.

Les guerres engraissent les rois.

Les batailles cimentent la liberté des peuples.

Art. 5. Sauf dans les extrémités pénibles et désastreuses que je viens de signaler, la qualité de soldat du citoyen français ne pourra jamais être pour lui un sujet de contrainte ou de vexation. Les compagnies et les bataillons sacrifieront le moins de tems possible à l'exercice et aux évolutions militaires. L'exercice indispensable au bon maniement des armes se fera le soir, afin que l'homme ne soit pas gêné dans ses occupations. On fixera d'avance et pour toute l'année le petit nombre d'heures que les citoyens auront à consacrer à ce devoir. On fixera de même, pour toute l'année, les dimanches, en très-petit nombre, où les citoyens auront à faire l'école de bataillon.

Art. 6. Tous les ans, les 8 derniers jours du mois de Septembre seront exclusivement dévoués au service de la patrie. Le général de brigade désignera les lieux où tous les bataillons auront à se réunir, afin que, formés en brigade, ils puissent, sous le commandement de leur général, étudier et opérer toutes les évolutions militaires qui pourront leur être utiles dans les momens de danger.

Tous les 5 ans, les mêmes 8 jours seront consacrés à la réunion de la division, qui aura lieu, autant que possible, au centre de sa circonscription. Les diverses brigades se livreront des batailles simulées.

Les réunions divisionnaires seront passées en revue par quelques membres de l'Assemblée souveraine, délégués à cet effet.

Dans toutes ces réunions, l'armée bivouacquera sous la tente, et la République accordera à chaque citoyen, sans distinction de grade, la somme de 3 fr. par jour, en signe de gratitude. Les divers corps de l'armée active feront, autant que leur service le permettra, partie de ces réunions.

Art. 7. Plus de conseils de discipline! L'amour de la patrie inspire la meilleure des disciplines. Il y aura dans chaque bataillon un conseil de service, composé du chef, des officiers et de dix gardes nationaux que le bataillon élira pour 3 ans. Ce conseil décidera, à la majorité, de tous les intérêts de famille du bataillon. La peine de la prison pour infractions aux règles du service, est abolie. Le conseil accueillera toujours avec bienveillance les excuses des citoyens qui auront dû manquer au service. Toutefois et par suite de décision prise à la majorité, le conseil aura le droit de priver, pendant un an, de l'honneur de porter l'écharpe de la République, le citoyen qui, sans motifs valables, aura manqué trois fois de suite à ses devoirs de soldat. Si cette marque de désapprobation de la part du bataillon demeure sans effet, le bataillon réuni aura le droit de le déclarer indigne de porter les armes de la République, et par cela même, il sera déchu de tous droits de prendre part à aucun vote qui la concerne.

Art. 8. Les rapports du bureau central de la guerre avec les bataillons auront lieu par l'intermédiaire des généraux de division et des généraux de brigade. Aucune levée, aucun mouvement de bataillon ne pourra avoir lieu sans le vu d'un ordre du ministre de la guerre.

Dans les cas seuls où il y aura urgence de prêter main-forte en faveur de l'ordre et de la liberté, les maires auront le droit d'ordonner la prise d'armes des compagnies ou des bataillons; et si un bataillon ne suffit pas, les commissaires de la République auront le droit de requérir la réunion de plusieurs, qui, dès lors, seront commandés par le général de brigade.

Art. 9. Les conseils de service des bataillons éliront ceux des citoyens qui seront chargés du service de santé. Le service d'ambulance devra être, à chaque réunion de brigade, complétement organisé et tel qu'il doit l'être, au moment de livrer bataille.

Art. 10. Chaque bataillon aura sa musique. En outre, chaque compagnie aura un maître de chant. On engagera les citoyens à cultiver cet art. Le chant élève l'âme vers le ciel. Et si jamais nous en venons aux prises avec quelque horde barbare, nos pelotons chanteront des hymnes à la louange de la liberté, tandis que notre musique étouffera les cris des blessés et des mourans.

Art. 11. Les conseils de service éliront des ecclésiastiques distingués par leurs lumières, par leur amour du peuple et leur dévouement à la patrie, en un nombre proportionné à la population de chaque département. Ces ecclésiastiques seront revêtus du titre d'aumôniers de brigade, et chargés du service religieux dans les réunions de brigade aussi bien que dans celles de division, et bien plus encore, toutes les fois que nos bataillons seront appelés à la destruction de l'ennemi. Sous la voûte du ciel, et sur les points les plus éminens des camps, nos soldats du génie dresseront l'hôtel et la chaire du Christ. Deux des plus jeunes soldats, sans armes et tête découverte, serviront le ministre de Dieu dans l'exercice de ses saintes fonctions. Les bataillons présenteront les armes, l'étendard de la République — et ce ne sera jamais que là — se baissera devant l'image de celui qui a fondé la vraie fraternité et qui l'a scellée de son sang. L'allocution chrétienne, prononcée du haut de la chaire, sera distribuée à tous les citoyens. Les vieillards, les femmes et les enfans ne seront point exclus du service religieux des camps. Ils confondront leurs prières avec celles des soldats.

Trois aumôniers de brigade, que ces citoyens éliront entre eux, feront toujours partie du conseil de bataille.

MARINE ET COLONIES.

Jusqu'ici, nous avions une rivale formidable, qui, mieux que nos grands hommes d'État, sait manier les choses de la mer; qui, mieux qu'eux, sait créer, rendre productives et florissantes, et conserver des colonies.

Je n'en veux pas à cette rivale, car chacun fait ce qu'il peut pour conduire sa barque à bonne fin. Au contraire, je l'ai toujours admirée. Je l'ai toujours considérée comme une des premières védettes, si non de la liberté, au moins de la civilisation.

Dans ma jeunesse, je fus assister au couronnement de Georges IV. Ce fut pour m'amuser. C'était amusant de voir une nation sérieuse, brave et intelligente, couronner le vice et la paresse. C'était amusant de voir le roi et la reine se disputer au pied de l'autel. Le roi ne voulut pas que la reine fût couronnée avec lui. La reine prétendit devoir l'être. Je fus de son avis. Car, si la femme doit partager nos misères, il n'est que trop juste qu'elle partage aussi notre fortune. Mais le couple royal vivait mal ensemble. Le mari était fort galant, la femme très-légère; c'est l'usage en haut lieu. Cet usage devient moins fréquent, plus vous approchez de la classe pure du peuple. Ne voyons-nous pas, dans ce moment, au grand scandale des honnêtes gens, un vieillard, bon et juste, du reste, tenir plus à une espèce de Bohémienne, à une danseuse de corde, qu'à sa fidèle et vertueuse femme, qu'à son brave et valeureux peuple ? N'ai-je pas vu de mes propres yeux, sur les bords du Danube, un honnête bourgeois châtier un homme qui s'était introduit dans sa maison pour débaucher la bonne d'enfans ? Le bourgeois cria au secours ! au voleur ! La garde vint. Le séducteur fut obligé de décliner son nom : c'était un grand potentat étranger, qui se trouvait là, aidant à forger des chaînes pour le peuple, et qui, pour mieux se distraire, en usurpa un moment le costume. Paix aux morts. Voilà pourquoi je passe sur son nom. Pour en revenir au couple

britannique d'alors et aux sentimens de son peuple, j'ajouterai,
qu'un instant après les fêtes du sacre, on annonça la mort de Napoléon à Ste-Hélène. Puis, tout aussitôt, la mort de Caroline; et
le peuple, toujours juste, toujours compatissant, de crier à ses
gouvernans : « Qu'avez-vous fait? Malheureux ! Pour plaire aux
rois, vous avez tué un grand homme. Il était notre ennemi; c'est
vrai ; mais il valait mieux que vous. — Pour plaire à votre roi,
vous avez tué la reine. C'était une femme faible, nous en conve-
nons ; mais elle était bonne, elle était compatissante, elle aimait le
peuple et au moins autant que le roi elle méritait d'être couronnée. »

Bien aveugles sont ceux qui doutent de la rectitude du jugement
du peuple; ceux qui doutent de l'éternelle vérité de cet antique
adage : la voix du peuple c'est la voix de Dieu; et s'il m'était permis de faire entendre ma voix au chef actuel du peuple britannique, à ce roi fortuné de plus de cent et vingt millions de créatures
humaines, je lui dirais : Soyez sage comme votre devancière Élisa-
beth ; mais soyez plus qu'elle, soyez humaine. Car, vous êtes mère,
et vous devez sentir ce que c'est que l'amour des enfans. Cet
amour est le même partout. Que ce soit dans votre palais ou au-
tour de votre palais. Que soit à Madras, à Calcutta. Que ce soit au
Cap-de-Bonne-Espérance, au Canada ou en Irlande; partout le
cœur de l'homme palpite pour le bonheur de ses enfans; partout
ce cœur saigne, quand il les voit souffrir. Faites donc, Madame,
et vous en avez le pouvoir, faites tout ce que suggère un bon
cœur, pour la félicité de tous les enfans de votre vaste empire.
Usez, jouissez, au plus haut degré, de tous les biens d'ici-bas, de
tous les produits des arts et du génie des hommes, mais dévouez-
vous à leur salut.

Réformez, abattez tous vos abus. Refondez toutes les lois con-
traires à cette grande œuvre. Il en est tems encore. Vous connai-
sez l'histoire de votre trône. Vous savez que ce trône est glissant.
Vous savez qu'il est sanglant. N'ajoutez pas une page sanglante de
plus à votre histoire. N'écoutez pas vos hommes d'État. Tous sont
perfides. Écoutez la voix du peuple. Elle seule est sincère.

Considérez-vous comme le président d'une immense République. Faites cause commune avec tous les peuples libres. Employez
ce que vous avez d'influence pour répandre la liberté là où elle
n'existe pas encore, et tous les peuples vous béniront, et la béné-
diction des peuples sera l'appui le plus puissant de votre trône
chancelant. Et dès lors aussi le peuple libre de France sera prêt
à une union indissoluble, éternelle, pour que la liberté et l'humanité triomphent partout où triomphera notre pavillon uni.

Je donnerai ma voix à ceux qui s'appliqueront à déterminer
l'Assemblée nationale de décréter que notre armée navale soit successivement rendue aussi imposante que celle de la Grande-Bre-
tagne.

La République française veut partager le sceptre des mers.

Je donnerai ma voix à ceux qui feront décréter que notre commerce maritime, que notre marine marchande jouissent de toute la liberté, de toute la protection qu'elle mérite, comme une des principales sources de la richesse des peuples.

Nous voulons parcourir toutes les mers, frapper aux portes de toutes les îles, presqu'îles, de tous les îlots ; offrir partout nos marchandises, les produits de notre sol et de notre industrie. Nous voulons commercer, marchander, négocier, échanger, troquer, trafiquer librement et sans entraves, avec tous les peuples de la terre.

Nous voulons que le pavillon de la République française flotte majestueusement sur l'onde qui recouvre la surface du globe ; non plus pour conquérir du terrain, ou asservir des peuples ; mais pour nous faire aimer et estimer, pour nous concilier leur bienveillance, la préférence de leurs ordres.

De tous les trafics, nous n'en aurons qu'un seul en horreur : ce sera celui de la chair humaine, et celui-là nous l'anéantirons, nous le châtierons vertement partout où il nous tombera sous la main.

Plus de régime colonial. La République renie toute espèce de régime, si ce n'est celui de la liberté, de l'égalité et de la fraternité.

Je donnerai ma voix à ceux qui feront proclamer que les colonies sont considérées comme départemens de la République, et, comme tels, organisés en tous points comme ceux de la mère-patrie.

FINANCES.

Je donnerai ma voix à ceux qui soutiendront, qu'il est de toute nécessité que la République s'interdise, à jamais, toute dépense dont l'absolue nécessité, pour le bien de tous, ne serait pas incontestablement démontrée.

Arrière ! ceux qui, jusqu'ici, ont puisé à pleines mains dans le budget.

Arrière ! ceux qui voudraient y puiser désormais.

Je donnerai ma voix à ceux qui feront décréter que la République n'admet plus que trois catégories de fonctionnaires remunérés au pied de 6000, 3000 et 2000 francs.

Il est juste que ceux qui veulent sacrifier leur tems et leurs capacités au service de la République, soient mis à même de vivre honorablement ; mais il est injuste de pressurer le peuple pour que ses fonctionnaires puissent nager dans la surabondance. L'honneur de servir la République doit d'ailleurs entrer pour beaucoup dans la rémunération de leurs travaux ; et ils seront d'autant plus honorés qu'ils la serviront avec plus de désintéressement.

Il faut saper d'un vigoureux coup tous les vieux préjugés. Dire qu'on paie largement une foule de fonctionnaires, parce que cela fait marcher l'industrie, le commerce : c'est une erreur. L'industrie et le commerce marcheront infiniment mieux, lorsque l'argent restera dans les poches des contribuables. Ceux-ci sauront aussi le dépenser, le faire rouler ; et mieux. N'est-ce pas chose plus agréable de voir l'aisance, la propreté, toutes les commodités de la vie, le comfort enfin, régner chez l'universalité des citoyens francais, que de voir ceux-ci dans le besoin ; mais un petit nombre de privilégiés, jouir des douceurs de l'opulence ? Que ceux qui le peuvent le fassent, on les y engage même ; mais que ce ne soit jamais avec notre argent.

Notre sœur de l'autre hémisphère a, depuis longtems, balayé le fatras de préjugés que lui avait apportés et laissés l'Anglais. Et elle s'en trouve merveilleusement bien,

De misérable, pauvre, déguenillée qu'elle était, sous le canon des habits-rouges, la voilà devenue une belle femme, forte et saine, à la poitrine large, aux seins toujours regorgeant de lait. Et voyez comme ils sont heureux, et fiers, et forts, et laborieux, tous ces enfans qui sucent de ce lait ! C'est à verser des larmes de joie. Aussi, voyez encore, comme on accourt de toutes parts, pour en attraper quelques gouttes.

Des milliers de familles ne craignent pas, ne regrettent pas de quitter le sol qui les a vues naître, d'entreprendre un pèlerinage long et périlleux. Les ports du Hâvre, de Londres, de Brême, de Hambourg sont remplis de créatures humaines, prêtes à partir, n'attendant que la levée de l'ancre. Pour où ? Pour migration vers cette mère bienfaisante et généreuse, qui nourrit si abondamment ceux qui veulent travailler ; qui demande si peu et donne tant.

A l'œuvre donc ! pour qu'au plus tôt il en soit de même chez nous.

Ce que je réclamerai encore, entre mille autres choses, par la voix de mes délégués à l'Assemblée nationale, c'est que cette Assemblée décrète que la République veut s'affranchir de toutes dettes.

La majeure partie des dettes ont été créés en dehors du vœu de la nation, contre son gré, toujours par des majorités factices, des majorités ne représentant jamais la vraie opinion, la vraie volonté de la majorité de la nation.

Ce n'est pas nous qui avons contracté les dettes. Ce n'est pas nous qui avons palpé l'argent. Ce n'est pas nous qui l'avons dépensé. Ce n'est pas nous qui avons profité des dépenses. Donc, ce n'est pas nous qui devons payer.

Que les créanciers s'adressent à ceux auxquels ils ont fait crédit, à ceux auxquels ils ont versé les écus.

La République fera tout pour bien régler cette liquidation du ci-devant État; mais elle ne peut imposer à ses enfans le sacrifice de combler le déficit, si, malheureusement, déficit il y a.

Il serait douloureux que notre régénération politique coûtât une larme à qui que ce fût, hormis aux méchans.

Que la République mette en vente toutes les propriétés de l'ancien État; qu'elle mette en vente toutes les forêts, avec des conditions conservatrices; qu'elle vende tout ce qui appartenait à toute la ci-devant famille royale. Qu'elle vende tout et tout, sauf ce qui est consacré au culte de l'humanité, au culte de la religion, au culte des sciences, des arts et des métiers. Qu'elle transforme même en monnaie tous les canons superflus, et qu'avec le produit de tout cela elle fasse la grande distribution aux quatre catégories suivantes :

La première, dont elle élargira, le plus possible, le cercle, et en tête de laquelle seront les caisses d'épargnes, celles des employés, de leurs veuves, des dépôts et consignations; enfin qu'elle y classe tout ce qui peut loyalement réclamer et tout ce que la République doit loyalement payer; et qu'elle paie intégralement.

La deuxième recevra autant que possible les 2/3 de ses prétentions.

La troisième recevra le tiers.

La quatrième rien du tout.

A ceux de la quatrième catégorie, elle dira : assez longtems vous avez épuisé le sol de la France. Nous savons qu'il vous reste de quoi vivre. La République souveraine décrète qu'elle doit et veut vous punir par où vous avez péché, — par l'argent.

A ceux de la troisième : vous avez aidé à nous épuiser, à nous appauvrir. Prenez le tiers. Et si vous êtes assez riches pour vous en passer, laissez-le; car vous êtes cause que nous soyons dans le besoin.

A ceux de la seconde : consolez-vous comme sont forcés de le faire ces millions de citoyens, qui, dans toute espèce de placement, dans toute espèce de spéculation ont éprouvé des pertes d'argent. Celui-là dans le commerce. Celui-ci dans l'industrie. Un troisième dans la bâtise. Un autre sur les propriétés. Un autre sur son navire. Vous, parce que vous aviez spéculé sur le ci-devant État, sur un État mal gouverné, mal organisé, mal famé, vous voulez être les seuls à ne jamais rien perdre? Soyez raisonnables; et estimez-vous heureux d'obtenir cela.

Je donnerai ma voix à ceux qui feront décréter que la nation interdit formellement et absolument à son Asssemblée, de jamais, sous quelques prétextes que ce soit, contracter des dettes, hypothéquées sur un lointain avenir. Que, s'il y a urgence de dépenser au-delà du revenu ordinaire, tel que dans les cas de batailles, et dans les cas de grandes constructions ou entreprises, décrétées utiles par l'Assemblée, ainsi que ce pourrait être le cas avec les chemins de fer, la République créera immédiatement des billets de 1, 2, 5, 10, 20, 50 et 100 fr., jusqu'à concurrence de la somme supputée nécessaire. Ces billets auront cours de monnaie; et la nation débitrice s'imposera extraordinairement, de manière à ce que son caissier, le trésor, puisse, par une série d'échéances, échanger ces billets contre de l'argent et les détruire.

Je donnerai ma voix à ceux qui feront décréter que, désormais les rétributions ordinaires ne soient plus réclamées que des propriétés territoriales et bâties, du commerce et de l'industrie. Il y aura, à cet égard, au moins 10 catégories à établir..

Les dépenses extraordinaires seront toujours couvertes par des contributions, et l'Assemblée nationale les répartira d'une manière équitable. Il est bien évident que celui qui ne gagne que tout juste pour vivre, ne peut contribuer pour autant que celui qui a le bonheur de pouvoir vivre largement. On peut établir à cet égard des règles agissant au-dessus de l'arbitraire et dont aucun bon citoyen ne se plaindra.

Je donnerai ma voix à ceux qui feront sentir d'une manière victorieuse à l'Assemblée souveraine, qu'il est urgent d'abolir immédiatement l'impôt du sel, et de décréter que désormais l'exploitation et la vente du sel sera libre et franche de tout droit, comme celle du pain et du fer.

Engagez, adjurez les campagnards de ne pas épargner ce trésor que la Providence a répandu avec tant de générosité dans le sein de la terre et dans le sein des eaux, non pas pour la gabelle, non pas pour les gabeleurs; mais pour que tous les hommes en usent librement, pour qu'ils puissent en distribuer richement à leurs animaux. Ayez le sel de 5 à 6 francs les 100 kilogr.; vous le pouvez, je le sais. Donnez, donnez à pleines mains à tous ces êtres vivans, ce don de la nature! Donnez-en aux chevaux. Donnez en aux bœufs. Donnez-en aux vaches, aux veaux, aux brebis, aux porcs. Donnez-en même aux poules et aux pigeons. Répandez-en, sans ménagement, sur vos regains. Il faut que tout, même les animaux, ait à se réjouir de la liberté.

Un pays riche en bétail n'est jamais un pauvre pays. Le pays de France pourrait doubler sa richesse en bétail. Les paysans d'Amérique, de Suisse, d'Angleterre, de Belgique, du Wurtemberg, d'Allemagne, sont bien plus à leur aise que nous. C'est qu'ils ont de bon, de beau et beaucoup de bétail; et ils l'ont parce qu'ils ont du sel.

Si, pendant l'orage de famine qui vient de gronder si longtems sur nos têtes, nous avions eu plus de bétail, le pauvre peuple eût pu acheter la viande à meilleur marché. La viande eût, en partie, remplacé le pain, et mainte honnête famille n'eût pas été forcée de se coucher, le ventre vide. Nos grands gouvernans n'ont jamais pu concevoir cela. On sait pourquoi. Au contraire, ils ont mis en avant des naturalistes, des chimistes, même de gros paysans pour nous prêcher que le sel n'était rien et que, pour en user librement, il fallait le payer chèrement. N'en faites rien, chers amis ! Vous verrez d'ailleurs, dans quelques années, comme nous serons à l'aise. Le fumier sera meilleur et les récoltes seront doublées. Nos bœufs seront tous des bœufs gras. Nos vaches donneront davantage de lait, du lait meilleur et ne le céderont plus en beauté, à celles de Suisse ni de Hollande. Nos chevaux seront plus forts, plus alertes et plus gais, et nous n'aurons plus besoin d'aller quêter dans le Mecklenbourg, ou ailleurs, la remonte de notre cavalerie. La morve et le farcin seront, en outre, bien plus rares dans la race chevaline. Nos veaux, nos moutons, nos porcs pèseront le double ; et au lieu de n'y voir que les os, comme sous le règne de la gabelle, on n'y verra que la graisse et la chair, sous celui de la République. Enfin le pauvre campagnard pourra, au moins, manger lui-même, tous les dimanches, une de ses poules ; et les désirs du bon roi Henri IV se trouveront, ainsi, à la longue, réalisés, non pas par ses successeurs, ma foi non ; mais malgré eux.

D'abolir l'impôt sur les boissons et de punir sévèrement ceux qui font métier de les frelater. Ne ravissez pas aux travailleurs la faculté de jouir, au plus bas prix possible, de tous les dons de la Providence.

D'abolir le monopole du tabac. Il est au-dessous de la dignité d'une République de trafiquer du tabac. Laissez ce soin à ces milliers de travailleurs. Mieux que les grands gouvernans, ils sauront fabriquer le tabac. Ce sera une nouvelle source de travail pour chaque commune ; et les citoyens auront du tabac meilleur et à meilleur marché. Qu'ils le plantent eux-mêmes et ce serait à désirer ; qu'ils le fassent venir de Maryland, de Virginie, de la Havane ou du Palatinat, gardez-vous de le frapper d'aucun droit : ce serait entraver la liberté, restreindre la consommation ; ce serait blesser les saintes maximes d'une vraie République.

De diminuer la taxe des lettres. Le transport de la pensée des citoyens ne doit pas être, pour la République, l'objet d'une spéculation. D'un bout de la France à l'autre, les lettres doivent être transportées au prix de revient. On le peut au prix moyen d'un décime ; et comme il est probable que le nombre des lettres augmentera prodigieusement, la nation finira par y faire quelque bénéfice.

Je ne suis pas de ceux qui se flattent que toutes ces réformes soient réalisables de suite. Que l'on fasse comme le ferait un propriétaire prudent, animé du meilleur désir d'apporter des perfectionnemens importans dans son domaine. Il ne peut tout faire à la fois ; tout bouleverser, tout remuer d'un coup. Son ardeur même rendrait l'œuvre plus difficile. Il perfectionnera graduellement. Il s'occupera du plus pressé d'abord. Il fera à chaque campagne quelques pas de plus ; mais toujours dans la ligne primitivement tracée, pour ne pas être dans le cas de renverser ce qui est déjà fait; pour ne pas avoir à recommencer. Et, s'il a la persévérance qu'il faut pour réaliser de grandes choses, il arrivera insensiblement, sans encombre, sans péril pour ses intérêts, au but proposé.

Je donnerai ma voix à ceux qui feront décréter une taxe sur les chiens. Ce n'est pas que je sois ennemi des chiens; mais je déplore tout le mal que les chiens, mal soignés ou égarés, ont déjà causé à l'humanité. Il est possible qu'en les frappant d'une taxe, leur nombre diminuera et que les hommes pourront avoir plus de soin de ce fidèle animal Les accidens effroyables dont ils sont quelquefois la cause innocente, deviendront moins fréquens.

N'imposer jamais le luxe, ce serait le restreindre. Ce serait porter préjudice aux travailleurs. D'ailleurs ceux qui ont hérité ou acquis honnêtement, méritent d'en jouir en toute liberté.

Je donnerai ma voix à ceux qui insisteront sur la nécessité d'abolir toutes les assurances particulières, de concentrer toute espèce d'assurance dans la main paternelle de la République, et de forcer tous les citoyens de s'assurer dans les diverses classes où les placera leur état ou leur position.

Etablissez des assurances mutuelles nationales contre les dangers du feu;

— de la grêle;
— de l'inondation;
— des épidémies des bestiaux; ou les pertes de bestiaux, si fréquentes et si ruineuses chez les cultivateurs;
— de la ruine chez les cultivateurs;
— de la ruine chez les négocians, industriels, petits commerçans, artisans;
— des pertes maritimes et des pertes occasionnées par les batailles.

Faites en sorte qu'après que l'honnête homme a tout perdu, vous soyez à même de lui remettre au moins de quoi recommencer.

Renoncez à ce préjugé funeste que la plupart des faillis sont des paresseux ou des gueux. Telle est mon opinion des travailleurs, que je suis sûr que les 9 dixièmes de ceux qui tombent, ne tombent pas par leurs fautes. Ce sont les contributions écrasantes, les lois oppressives, les difficultés de toute nature, que le ci-devant Etat, dans sa cupidité, dans son égoïsme, est parvenu à créer pour faire de l'argent, toujours de l'argent, qui entravent le libre essor, le succès du travail. Faites de meilleures lois, abattez l'esprit fiscal qui y règne et vous rendrez les hommes meilleurs et moins malheureux.

Nous avons des mathématiciens célèbres. Ils calculent les mouvement des astres. C'est bien; mais qu'ils s'appliquent aussi à calculer le mouvement des choses et des misères humaines. C'est dans des succès de cet ordre, qu'ils se concilieront le plus la gratitude des classes laborieuses. Il est évident que celui qui n'aura payé sa quote-part que depuis un an, recevra moins que celui qui aura payé depuis 20 ans. Voilà la base du problème à l'égard de la ruine des travailleurs et du secours à leur porter.

Les fonctionnaires de l'État régénéré donneront aussi une forme nouvelle à tous leurs rapports avec les citoyens. On ne saurait être trop poli envers ceux qui paient, ne seraient-ce que des paysans. Daignez ne pas ménager le papier dans vos lettres de rétributions. Des milliers de bras sont là prêts à fournir le papier et les presses. Ne soyez pas avares d'explications, de justifications. Le paysan, l'industriel n'a pas toujours le tems d'étudier le mécanisme fiscal d'un État. Faites-lui donc, annuellement, le décompte bien clair de ce qu'il a à verser comme rétribution courante; comme contribution aux travaux utiles, aux frais de batailles, puis aux diverses branches de la grande assurance mutuelle dont l'assemblée nationale est le chef économe et prudent.

Je donnerai ma voix à ceux qui feront décréter que la commune de Paris soit, désormais, surnommée la métropole de la liberté ; à ceux qui provoqueront une offrande nationale à ces hommes fermes, courageux et dévoués, qui ont accepté les rênes de la machine gouvernementale au moment où les grands gouvernans se sauvaient et se cachaient.

J'approuve, de toute mon âme, tout ce que tous ces hommes, sans distinction, ont dit et écrit depuis qu'ils sont au timon des affaires. Chaque nouvelle parole, chaque nouveau décret furent pour ma petite colonie un sujet d'allégresse et d'espérance. Ces paroles et ces écrits ont produit, en outre, au dehors, le bon effet d'augmenter le nombre de nos amis, de diminuer celui de nos ennemis. Je n'ai, comme père de famille, qu'un petit reproche à faire à ces hommes : c'est qu'ils n'aient pas employé tout l'artifice en leur pouvoir pour s'assurer de la personne de celui qui depuis 18 ans a pesé si lourdement sur la France. Ils auront été entraînés par la générosité du vainqueur. Dieu veuille que cette générosité ne nous devienne pas funeste !

Je reviens sur cette offrande nationale. Qu'il me soit permis de développer ma pensée sur un don national, qui honorerait autant ceux qui le présentent que ceux qui l'acceptent.

Tout cœur vraiment français doit féliciter la patrie de l'heureuse réorganisation sociale qui commence à s'opérer. Tout homme sensé doit se féliciter que le commencement de cette réorganisation soit tombée dans des mains fidèles; qu'il ait été dévolu à des hommes honorables, qui ont écouté la voix du peuple, qui l'ont comprise, et dont tous les efforts témoignent de leur désir, sincère et ardent, de s'y conformer.

O France ! Avec un juste orgueil, tu déroules, sous les yeux de l'univers, les fastes de ton histoire. Que de pages glorieuses !

Que de prodiges! Que de faits merveilleux! Que d'actions admirables! Mais la page dont tu t'énorgueilliras le plus; celle que les peuples liront avec le plus d'émotion et de sympathie, c'est celle que tu traces en ce moment auguste et solennel.

Offre donc aussi, offre un souvenir à ceux de tes enfans qui se montrent si dignes de toi; à ces citoyens illustres dont tu vas inscrire les noms immortels.

Offre-le pour rehausser ta splendeur, pour que la postérité lise, avec joie, qu'après avoir versé, souvent, et de nouveau, le plus pur de ton sang, pour briser tes chaînes et renverser tes tyrans, tu n'oublias pas ceux qui te servirent de pilotes.

Que chaque français, sans distinction d'âge ni de sexe, dépose, seulement, dix centimes. La somme est minime; mais le résultat sera grand et digne de la nation. Que dans chaque commune, on établisse, immédiatement, un album, où s'inscriront ceux qui déposeront leur offrande. Chaque album portera, pour titre :

Aux membres du gouvernement provisoire, la France reconnaissante.

Et si nous voulons que notre or coopère à leur rendre la vie douce, à les placer, pour toujours, au-dessus du besoin; nous croyons les toucher bien plus encore, en leur offrant pour eux et leurs descendans, ce monument, écrit par la France; ce monument, à l'édification duquel tout bon Français aura mis la main. Que la métropole s'occupe du soin de le rendre impérissable. Elle s'y connaît. Le granit, le marbre et l'airain lui afflueront de tous les points de la France. Les génies se disputeront la gloire d'y laisser des traces de leur passage, et les bras se disputeront l'honneur d'y travailler.

Si cette humble pensée trouve de l'écho, j'irai, processionnellement, avec tous les miens, déposer notre pieuse offrande entre les mains du maire de ma commune

Je désire que l'Assemblée simplifie, dans toute la force du terme, le rouage de la chose publique. Aussi bien que dans les palais des riches, que dans les cabinets des savans, il faut que dans la chaumière du laboureur, chacun voie clair dans les affaires de la patrie.

De même qu'il n'y a plus de roi, de même il n'y aura plus de ministres ni de ministères. Renversez, sapez tout ce qui, de près où de loin, se ressent de la monarchie! Ayez des bureaux centraux. Créez un bureau central des affaires de la justice, un bureau central des affaires de la marine, un bureau central des affaires de batailles, un bureau central des revenus et dépenses. Appelez les choses par leur nom. Choisissez vous-mêmes, mais jamais dans votre sein, des hommes compétens pour mettre à la tête de ces divers bureaux. Appelez-les secrétaire général de la République aux affaires de la justice, de la marine, des batailles.

Ils seront là pour exécuter vos décrets, pour vous éclairer, vous aider de leurs conseils ; jamais pour voter avec vous. Et si on les élit comme membres du souverain de la République, et s'ils préfèrent cette qualité, qu'ils se démettent immédiatement de leurs fonctions de secrétaire général. Choisissez pour ces hautes fonctions des hommes spéciaux, consommés dans l'étude et dans l'expérience. En leur faveur, dérogez à vos principes immuables d'économie et accordez-leur des traitemens dignes des services éminens qu'ils sont appelés à rendre à la patrie.

Les secrétaires généraux vous proposeront les listes de tous les fonctionnaires de la République ; et à vous seuls le droit de les confirmer, à vous seuls le droit de les révoquer après avoir été confirmés, si cette révocation est proposée par les secrétaires généraux de la République. Il n'y a plus de fonctions inamovibles. Le souverain de la République n'est pas inamovible, comment voulez-vous que les fonctionnaires le soient ? Les hommes changent, se renouvellent, passent ; l'institution seule reste. De même les fonctions resteront, mais les hommes pourront être changés.

Quant à l'Assemblée nationale elle-même, je désire que, dans sa sagesse, dans son désir sincère de fonder une institution grande, forte, impérissable comme la nation, je désire, dis-je, qu'aidée de Dieu Tout-Puissant, qui déjà paraît avoir jeté sur nous un regard de bienveillance ; qu'inspirée par lui, elle prenne des résolutions telles, qu'à tout jamais elle reste souveraine ; qu'elle soit placée au-dessus, en dehors des tems, comme elle le sera au-dessus et en dehors des passions ; que jamais individu, de quelque nom qu'il se décore, puisse avoir la pensée, bien moins le pouvoir, de porter une main sacrilége dans son sanctuaire.

Je désire qu'aucun de ses membres ne renie, ne trahisse jamais son origine ; que tous se rappellent toujours qu'ils sont là par le peuple ; qu'ils doivent être pour le peuple et que ce n'est qu'à cette condition que la République française pourra être vénérée, aimée, admirée des bons, redoutée des méchans.

Je terminerai enfin par un dernier vœu sur l'organisation même de l'Assemblée souveraine. Je désire que, dans cette organisation, elle ne suive pas seulement l'élan de son propre amour pour la patrie, ni celui des hautes pensées que lui inspireront ses propres lumières ; mais qu'elle consulte aussi les lumières, l'expérience, l'amour de la patrie des autres peuples. Or, après toutes les grandes idées, après toutes les pensées sublimes que nous a léguées l'antiquité, que nous a léguées le Christ, que nous a léguées l'Assemblée constituante de nos pères, à quel peuple du globe peut-elle mieux s'adresser, lequel peut-elle mieux prendre pour modèle, que nos frères de l'autre côté de l'Atlantique ?

Alarmé, désolé, ainsi que je l'ai dit en commençant, de voir la marche des choses ; du peu de sécurité qu'elle m'offrait pour l'avenir de ma nombreuse famille, si ardente au travail, je me plaignis, je communiquai mes pensées mélancoliques à un de mes anciens amis et professeurs, homme sage et vertueux, qui, dans le tems, émigra aux États-Unis. Cet excellent homme m'ouvrit aussitôt son cœur et ses bras. Venez à moi ! m'écrivit-il, venez tous à moi ! et il termina sa missive par ces paroles mémorables, que je transcris dans leur langue originale, pour ne rien faire perdre à leur pureté :

« Our states form now, ander a free, prudent and wise government, the happiest and most flourishing countries in the world; an are the refuge of people driven from the various nations of Europe, by ruinous wars and political revolutions. »

(Sous un gouvernement *libre*, *prudent* et *sage*, nos États forment aujourd'hui les contrées les plus heureuses et les plus florissantes du monde, et offrent un asile au peuple des diverses nations d'Europe que des guerres ruineuses et des révolutions politiques font émigrer.)

Un paysan français.

MULHOUSE. — IMPRIMERIE DE P. BARET.

LE SAINT DIMANCHE DE PAQUES 1848.

J'ai donné ma voix. J'ai déposé mon bulletin. Je suis content. Je suis heureux.

En retournant à ma charrue, je remémore tout ce que j'ai éprouvé, entendu et observé.

C'est vrai. L'émotion m'arracha quelques larmes ; de ces larmes qui partent du fond du cœur et qui doivent se résoudre, en une douce rosée, dans le ciel. Dans ma longue carrière, carrière agitée comme le tems où j'ai vécu, j'ai éprouvé beaucoup d'émotions. J'ai vu le plomb et la mitraille de l'ennemi, frapper de mort, en un clin d'œil, des milliers de créatures humaines ; et ces créatures étaient les enfans, l'espoir, la fleur de la France. Je les ai vus s'embrasser en mourant ; et, en mourant, ils criaient encore : Vive la patrie ! J'en ai vu d'autres qui, prenant Napoléon pour cette patrie, criaient, dans les angoisses de la mort : Vive l'empereur ! et rendaient le dernier soupir avec le seul regret de ne pouvoir mourir qu'une fois pour lui. J'en ai vu beaucoup, baignés dans leur sang, les membres déchirés, maudire cet empereur, maudire la guerre, maudire ceux qui la provoquent, ceux qui en profitent, et envoyer leurs dernières larmes et leurs derniers soupirs vers leurs chaumières où, peu auparavant, ils avaient donné le baiser d'adieu au père, à la mère, à la sœur. J'ai vu ces nobles, ces saintes victimes, dont beaucoup donnaient encore signe de vie et de souffrances, traitées comme la vile matière ; entassées par milliers dans des fosses communes, et vite, recouvertes d'un peu de terre, pour qu'à la face du ciel, l'homme n'eût pas à rougir de son mépris pour l'homme. J'ai vu, le lendemain, ceux des deux camps, qui survivaient, fraterniser, se donner le baiser d'amitié éternelle, entrelacer leurs drapeaux, saluer mutuellement leurs étendards ; et leurs princes, jurer devant ce Dieu qu'ils outrageaient, que c'en était fait ; que le sang ne coulerait plus. Hélas ! on a vu, on voit ce que c'est que les sermens des princes ! J'ai vu un million de chrétiens se prosterner simultanément, dans un touchant accord, dans une même pensée, devant l'image du Christ, tandis que des chœurs innombrables de jeunes vierges élevaient leurs voix angéliques à sa louange. J'ai vu l'homme des champs ouvrir, dans les ténèbres de la nuit, sa porte à la voix plaintive du pèlerin, transi de froid, mourant de faim ; lui préparer à manger, lui céder une place dans son lit, et le prier, à l'aurore, d'accepter son argent, pour qu'il pût continuer sa route. J'ai vu un prince généreux, éprouvé par de cruelles et imméritées infortunes, se priver du peu qui lui restait, pour l'offrir à un ami malheureux ; arroser son don de ses larmes, et avouer qu'il pleurait, parce qu'il ne pouvait donner plus. J'ai vu le prêtre se dessaisir, chemin faisant, de sa chaussure, en faveur d'un pauvre voyageur que la misère avait réduit à marcher pieds nus et ensanglantés, et le digne prêtre marcher, à son tour, nu-pieds, à côté de son malheureux compagnon de voyage.

Toutes ces scènes m'ont fait verser des larmes, tantôt de douleur, tantôt d'émotion. Mais, aujourd'hui, premier beau jour, jour sacré d'une ère nouvelle, plus que jamais, j'étais ému ; plus que jamais des larmes irrésistibles coulaient de mes yeux, à la vue de ce peuple, depuis trop longtems méconnu, s'occupant, avec recueillement, de ses destinées ; à la vue de tous ces hommes réunis, sans distinction de rang ni de fortune, donnant, avec calme et majesté, leur mandat aux citoyens de leur choix.

J'aurais voulu que quelques-uns fussent plus pénétrés de l'importance de leur pouvoir ; du résultat imposant de leur voix. Cela viendra. En toute somme, je crois pouvoir espérer que la majeure partie de mes mandataires sortiront victorieux de l'urne et qu'ils seront pour moi, pour mon opinion, pour ma patrie. Quelques-uns m'ont paru animés d'excellentes intentions ; mais je crains qu'ils ne soient trop lents à labourer le sol de la liberté. Ils veulent arriver au but que leur signale ma vieille expérience ; mais ils demandent trop de tems. Le tems est chose précieuse pour le travailleur. N'en faites point perdre. N'en perdez pas. Et nous autres, 25 millions de paysans, nous attendons. Nous sommes pressés. Nous souffrons. Ceux anxquels je n'ai pas donné ma voix sont précisément ceux qui l'ont le plus sollicitée, qui m'ont le plus promis, qui m'ont le plus protesté de leur amour pour la République, pour les républicains, pour la grandeur de la France. Mon regard, fortifié par la vue continuelle des champs et du ciel, a pénétré jusqu'au fond de leurs âmes. Ils veulent changer la forme et ils veulent laisser le fond. Partout où prévaudra leur opinion, le sang du peuple aura, comme toujours, coulé en vain, et ce sera à recommencer. Si quelques hommes trop crédules ou trop complaisans ont confié à ceux-là la sainte mission de coopérer à la régénération de la France, je me flatte que leurs voix, quelqu'éloquentes qu'elles soient, demeureront nulles ; que mes élus démasqueront, sur-le-champ, leurs sophismes intéressés, les uns par leurs paroles, les autres par leurs votes, et qu'à partir de ce grand jour et à l'inverse du triste spectacle auquel, depuis trente ans, les républicains ont dû assister, sous tous les ci-devant régimes, sans pouvoir rien y changer, malgré leurs prières, malgré leurs conseils, malgré leurs votes, le sophisme et le mensonge ne se rallieront que sous le drapeau de la minorité.

www.ingramcontent.com/pod-product-compliance
Lightning Source LLC
Chambersburg PA
CBHW051744050726
47598CB00003B/1334